Moubtahij Ben Idriss Konaté

El cerebro de paseo

Moubtahij Ben Idriss Konaté

El cerebro de paseo

Poesía

JustFiction Edition

Imprint

Cover image: www.ingimage.com

Publisher:
JustFiction! Edition
is a trademark of
Dodo Books Indian Ocean Ltd. and OmniScriptum S.R.L publishing group

120 High Road, East Finchley, London, N2 9ED, United Kingdom
Str. Armeneasca 28/1, office 1, Chisinau MD-2012, Republic of Moldova, Europe
Printed at: see last page
ISBN: 978-620-0-10437-3

KONATÉ M. Ben Idriss

EL CEREBRO DE PASEO

Poesía

A mi pueblo, Débété,
A mi familia y, a los huérfanos,
A mis amigos y mis docentes.

PREFACIO

Konaté y yo, nos conocimos en 2020 en la Universidad Félix Houphouët-Boigny (UFHB) de Abiyán. Yo recién llegado en la facultad de español, andaba buscando a gente apasionada por la lengua española, ya que yo había cursado estudios de ciencias, sobre todo de tecnología. Konaté, un estudiante marfileño cuyo carisma y espíritu de liderazgo son indiscutibles, muchos estudiantes de español de África subsahariana (Costa de Marfil, Senegal y Benín) le consideran un modelo y una fuente de motivación en la práctica oral y escrita del español como lengua extranjera.

Además, siempre y en todo lugar aboga por la cultura de la excelencia. Con un gusto innato por la literatura, creó un club de literatura y muchas otras cosas, incluidas sesiones de explicaciones de cursos a estudiantes con dificultad de comprensión. Todo esto me lleva a describir a este joven como talentoso y extraordinario. Más allá de ser estudiante de español, Konaté es activista cultural, traductor-intérprete, voluntario humanitario y profesor de español como lengua extranjera en la educación secundaria marfileña. Konaté, conocido comúnmente como Don Meloso en el Departamento de Estudios Ibéricos y Latinoamericanos (D.E.I.L.A) de la Universidad Félix Houphouët-Boigny, es graduado en Literatura y Civilización españolas y Licenciado en Traductología. En el campo de la poesía, sus ideas y pensamientos son siempre innovadores, así es como decidió componer un poemario inspirado en su propia experiencia. Para quienes tengan la oportunidad de leer este poemario titulado "El cerebro de paseo", el autor los lleva de viaje desde su ilustre refugio. Ideas que retrotraen al ser humano al pasado, que justifican el presente y que dan una perspectiva del mundo futuro. Para mí, la literatura española en general, y la poesía en particular, no tiene ningún secreto para él. La tendencia literaria de Konaté es una mezcla, ya que se inspira en el gran poeta Gustavo Adolfo Bécquer y en su mentor literario, el escritor grancanario Juan Ramón Tramunt Rubió, autor de varias obras literarias, como el poemario "Caligrafía" y la narración "La piel de la Lefaa", etc. El segundo libro citado formó parte del corpus del joven estudiante-investigador para la realización de su tesina de Máster.

Finalmente, este poemario aborda temas muy originales, cuestiones de negritud, la relación del autor con la naturaleza y su vida sentimental como afectiva que a veces se ignora. Así pues, si es la primera vez que lee al poeta Konaté o si ya ha leído antes sus escritos, le invito a que se siente y admire la composición de los subliminales versos poéticos y verá que le abrirá una amplia visión del mundo literario permitiéndoles descubrir otra forma de ver y entender la poesía.... ¡Disfrute de la lectura!

Jean Jaurès Félix KATE.

ORGULLO Y DEFENSA

SOY UN NEGRO

Negro soy
Muy feliz de ser negro estoy
Mi color representa la fuerza
Y el poder
Soy un negro
Quien tiene ambiciones
Y poderes
Para actuar y reflexionar
Para negar y sentir
Soy un negro
Que reclama sus derechos
Y hace sus tareas
Quien respeta a los demás
Con su voluntad
Soy un negro
Quien ama el trabajo
Para el entretenimiento
Y quién considera la sabiduría
Como alimentación
Es
Un
Orgullo mío
Ser negro.

EL PATRIOTA

Querida juventud de mi continente,
Liberemos nuestros corazones del odio,
pensemos en sacar al continente de la final,
para que sea un modelo para el mundo,
ese debe ser nuestro escenario.
Somos nosotros, la nueva generación,
quienes debemos decir "No" a la división,
tomando nuestra responsabilidad,
en este mundo cambiante, por un futuro mejor.
Debemos extender la mano, abriéndonos caminos juntos,
porque unidos estamos por el destino
de tener un continente común.
Este es para nosotros una fortuna.
Estimados ciudadanos de mi continente,
¿por qué odiarse siempre?
Cualesquiera que sean nuestras diferencias,
tenemos en común una misión,
la defensa y construcción del continente,
que solo son posibles cuando estamos unidos.
Siempre debemos permanecer unidos,
para enfrentar el desafío,
ignorando las prácticas antidemocráticas y antipatrióticas,
para mantener alta el continente.
Queridos jóvenes, sería inútil odiarse unos a otros.
Intentemos transformar nuestra diversidad en riqueza,
y no convertirla en una fuente de sequía,
el continente no gana nada con nuestra división
salvo su destrucción.
Es la voz de su poeta, que les habla como un patriota,
porque el amor del continente lo anima,
para quien su defensa es una prioridad,
y no puede ser unánime con esta división del pueblo,
somos hermanos.
Paz hoy, paz para siempre.
¡Viva África!

TRISTE DEFENSOR

Sin importarme las fronteras,
armado con pluma y papel,
sin miedo allá adonde vaya,
lucharé por los niños infelices
para llevarles la alegría de vivir
y devolver la sonrisa a sus labios.
Yo estaré allí con mis versos y mi alma
para luchar en cualquier escenario
a favor de los niños huérfanos
que se alimentan de hambre y desprecio
en el calor del infecto hogar que es la calle.

¿Los papeles donde laten mis versos,
tendrán suficiente filo para rasgar
las cortinas de la ceguera humana,
y las sombras sibilinas de esta dictadura
que manchan la libertad de los ciudadanos?
Las antorchas de mis palabras
iluminarán el camino de los niños.
Sí, los niños y los pueblos sometidos
por estos lobos charlatanes, que abusan de todos
para hacerse con una fortuna de sangre.

Sin cansancio y siempre al lado de la gente,
con mi pluma entre los dedos, eso me servirá
como arma para combatir la injusticia.
Sí, contra los que roban la confianza del pueblo,
los que galopan a lomos de la corrupción.
Buscaré en las minas, en las plantaciones,
en puertos, almacenes y vertederos,
más allá del universo si es preciso, para rescatar
a los niños que no viven, sino mueren,
que no juegan, sino mueren, que no crecen, sino mueren,
bajo la mirada codiciosa de inmundos adultos corrompidos.

LA HERENCIA ENVENENADA

Libertad africana,
ilusión de ilusiones,
nada más que ilusiones.
Independencia muerta, nacida,
porque concedida y compartida.
Distribuida con gracia por el verdugo,
cansada de ser llamada al orden,
por una llamada comunidad internacional,
la cual es la fuente de todos nuestros males,
porque solo persigue intereses egoístas
Hoy nos encontramos en las manos,
no pan, sino sangre, la sangre de los inocentes.
Sí, reprimendas inoculadas que solo reclaman libertad.
Esta libertad ficticia, supuestamente adquirida,
era solo una ilusión. Escurridizo como el viento.
Heredero de un néctar envenenado,
nos hemos convertido,
de una lucha que parece perdida de antemano,
hemos heredado un rayo de esperanza.
Nos estamos convirtiendo,
en el futuro debemos creer.
Recordar a nuestros mártires,
debe empujarnos hacia adelante,
para lograr esta libertad tan perseguida,
que hasta entonces solo ha sido una herencia envenenada.
En nuestra África,
creemos y podemos lograr
esta
verdadera
libertad.

ÁFRICA MALTRATADA

África sin riquezas,
madre de todas las lujurias,
despreciada hasta la médula,
y desgarrada hasta el alma.
Alma separada del espíritu,
te ascendieron a los más ricos,
pero te persiguen como un alma en pena,
Muriendo te has convertido.
Sí, tu funeral estamos preparando,
estos buitres merodean,
estos carroñeros ansiosos
por tu púlpito están reunidos,
buscando por dónde empezar.
Tu cabeza ya se está pudriendo,
corrupto por estos gusanos
despreciables y repugnantes,
que devoran tu alma,
tus extremidades se ven afectadas,
y ruegan a estos gusanos que te dejen.
Pero ¿quién enviará esta sal
para detener la evolución de esta podredumbre?
Nadie, me temo, por desgracia.
África se está muriendo dándonos gritos sordos,
y bañándose en un océano de lágrimas.
Signo de su dignidad perdida
y su incapacidad comprobada.
Y nosotros, como espectadores,
somos testigos de su caída,
de su aculturación y la pérdida de sus valores.
Oh cielo, oh tierra
¿Qué hizo ella para sufrir tal destino?

MATRIMONIO FORZADO

Tienen sus lugares en la escuela,
estas niñas que se estremecen de dolor,
porque se ven obligadas a abandonar
las clases prematuramente para establecerse en un hogar,
cuyas realidades ignoran.
Ante esta situación embarazosa,
en sus corazones, sufren enormemente.
Porque viendo su futuro arruinado
al amanecer de su vida, sin ningún medio de defensa,
algunas se suicidan para poner fin al mal.

Porque para ellas, sus vidas ya se desperdiciaron
por algún interés sucio.
Malcriar la vida de una niña,
al entregarla en matrimonio a un hombre
a quien ella desaprueba, y aún sin su consentimiento.
¿En nombre de qué tradición debemos coaccionar a una joven
de trece o catorce años para casarse
con un hombre que podría ser su padre?
¿Es el matrimonio un vínculo sagrado?
Cuéntanos los textos sagrados.

Los que nadie niega la veracidad,
¿En dónde están nuestros religiosos
demorando en darnos una interpretación
de los textos espirituales
sobre la vida matrimonial
en los que se prescribe
que el consentimiento
es la base del matrimonio?
Hablad hoy o nunca,
La historia nos jugara todos…

EL UNIVERSO AL REVÉS

¿Dónde va el mundo?
Lo inverosímil se vuelve palpable,
donde se materializa el efecto del esnobismo.
La intersección del malentendido.

La valoración de los homosexuales,
donde la moral muere,
por ser suavemente violado,
entubado y desnaturalizado,
por nosotros,
haciéndonos llamar a ser conscientes.

¡Qué vergüenza!
Aquí estamos, y luego
¿Qué podemos hacer al respecto?
Además de observar con los ojos en las manos,
las manos en el fraude, el corazón en los intestinos,
y el vientre a merced del enemigo.

Creyendo desarrollado, ¡qué pena!
El mundo de la antigüedad es mejor
que este, en el que lo prohibido es jefe
¿Dónde va el universo?

PAZ AL ESTILO AFRICANO.

Paz,
el sueño de todo africano
pero violada y robada por el lobo corrupto.
¿Qué es esa paz que se construye al día siguiente
de cada elección y que se debilita
al final de cada mandato?

África,
cuna de la humanidad,
antaño capital de la paz y del humanismo.
Hoy, destruido por hombres
que dicen ser intelectuales.
¿Qué es esa paz que se construye sin cimientos?

África,
mi África tiene mal,
mi África sufre
y nos duele.
Ustedes, políticos africanos,
sin excepción,
¿a quién le han vendido
la paz y la dignidad de mi África?

Nosotros,
los hijos de Costa de Marfil,
hijos de África,
hijos de negros orgullosos.
Queremos la paz, no la paz africana,
sino la paz verdadera, la de nuestros antepasados,
Juntos decimos sí a la paz para Costa de Marfil, para África,
sin excluir al resto del mundo.

POLÍTICA MARFILEÑA.

Gente de Costa de Marfil,
gente oprimida,
gente enojada.

Por su culpa,
nos vemos obligados
a pensar y actuar de la misma manera
por miedo a ir a visitar la prisión
o a permanecer en lo invisible.

Gente manipulada,
gente humillada,
gente atónita.

Por su culpa,
algunos marfileños
que gozan de los mismos derechos
piensan que son más marfileños
que otros, fuente de crisis interminables.

Gente viva
pero muerta
y enterrada.

CORONAVIRUS O HUMANIDADVIRUS.

¿Quién eres tú?
Tú que saliste de la nada,
Y apareciste como un rayo,
Independientemente
de lo que pueda causar tu presencia.
Empezaste a sembrar terror en el mundo,
Con alta intensidad.
Otros han caído, otros se están muriendo
Y otros están asombrados.
Tu presencia, es más que un peligro
para la humanidad.
¿Quién eres tú?
Ayer en China,
has multiplicado por diez
tu presencia en todo el mundo,
entonces, todos estamos en alza
para pelear contigo.
El contacto humano se pierde:
Deportes, ocios, mercados y escuelas,
están en interrupción.
Incluso para implorar a Dios
que nos libere de tu furia.
Nuestros lugares de culto,
mezquitas e iglesias están cerrados.
Pero según los rumores,
estarias formado
y serías como un medio enriquecedor.
Para todos nosotros,
debemos unir fuerzas para erradicar esta cruel
y desastrosa pandemia del mundo.
No desesperemos,
Todos juntos podemos,
Coronavirus fuera,
Humanidad salud dentro.

DESORDEN

Yo no tengo nada que desvelar
Con la mirada vacía,
Porque la nada es mi mayor temor.

La vida me ha dolido tanto
Que tengo el corazón sin sentir,
Una vida muerta
En un desierto mojado por el sol.

Entienden que estoy tan retraído.
Si hay alguna inconsistencia
En mis palabras,
Es porque en mi cabeza
Está el lío ordenado.

Cometí el profundo crimen
De comprometerme mucho,
Ahora que quiero olvidar
Este mundo engañoso,
mi corazón se niega y,
vivo muriendo.

MI CONSEJERO

Aire,
el aire que sigo,
el aire que va siguiéndome,
es mi consejero, el invisible consejero.
Dicho aire me está tartamudeando al oído:
levántate, lucha y lucha digno hijo,
tu pueblo te necesita aquí y ahora,
no solo tu pueblo, también el mundo entero.
Te hablo como nadie,
porque crees en ser invisible,
Dios es nadie, pero es Dios
por eso, nunca abandones tu meta.
Has sido sorteado,
no te atreves a ir a contrapelo,
tú eres tú, como la poesía es poesía,
te lo declaro, eres tú y nadie más.
No te estoy aconsejando...
es que eres el defensor de las sociedades,
tu silencio, nos preocupa y nos quema,
tu tarea es defender criticando.
Me callaré por miedo,
pero no olvides los dichos,
para siempre estaremos contigo
te lo digo por la última vez,
te necesitamos hoy o nunca.

LA UNIÓN.

La Unión
el deseo ciego
de un pueblo enfermo
de su propia enfermedad.
mentira política
tribalismo
desconfianza,
crisis.

La Unión,
no es un ion.
Es una boca,
convive con la lengua y los dientes
los acepta a pesar de su diferencia,
ya sean, bonitos, feos.

La unión,
es la cadena alimentaria
ayudarse sin esperar
a nutrir el cuerpo,
nuestro patrimonio común,
del enemigo "desconfianza".

La unión,
para consolidar la paz,
para desarrollarse
y ayudar a la humanidad.
Yo, digo sí al unión,
¿y usted?

ESPERANZA DE LA PLUMA NEGRA.

YO, QUIERO PAZ.
Es por eso que mi verbo preferido es Perdonar,
y mi palabra es una fuente de sabiduría y bondad.
Razón por la cual, el odio es desterrado de mi vida.
Por lo tanto, la venganza no tiene lugar en mi corazón.
Me entristece el estado de una sociedad agotada,
inundada con sangre congelada. Sí, dejo la lección de un pueblo,
un pueblo harapiento de hombres armados.

NECESITO PAZ,
porque no habrá espacio para ideas de guerra.
¿A dónde fueron los 3000 muertos?
¿No aprendisteis nada de eso?
Estoy cansado de ver sangre humana.
Marfileños, lo que nos une es nuestro país.
Así que preservarlo es nuestro deber.
Conducirlo hacia la paz debe ser nuestro ejercicio diario.

SÍ, YO QUIERO PAZ.
Oh, usted que quiere sembrar el terror,
pájaro hambriento de las peleas,
recuerda esto: Mi país no es una ópera bufa.
Amo mi Costa de Marfil
y la protejo contra la guerra y contra ti.
Marfileños, en el pasado, la paz era el regalo
más hermoso, que un patriota quería para su país.

UNA VEZ MÁS, QUIERO LA PAZ.
Toda su vida terrenal se basó en estas palabras:
"PAZ", "AMOR", "PERDÓN",
incluso "SOLIDARIDAD", "FRATERNIDAD"
Que el odio se disipe por una paz duradera.
Dios nos cuide a nosotros
y a nuestro hermoso país.
¡Viva la toma de conciencia!

PLUMA FILOSÓFICAMENTE POETIZADA

ALTIBAJOS.

La vida, un misterio misterioso.
Hay soles donde fluyen las lágrimas,
donde los proyectos se evaporan,
donde las tormentas se oscurecen,
donde los daños se ahogan.
En la vida, hay soles en nuestros destinos,
más oscuros que la noche,
hay heridas que tardan años y siglos en desaparecer.

Hay giros del destino,
de suspenso, que hacen latir nuestras almas
y nos empujan hacia nuestros atrincheramientos
más profundos en busca de un resplandor,
una salida,una mano amiga para atrapar,
en busca de quienes realmente somos.
Pero eventualmente el tiempo pondrá
todas las cosas donde deberían estar.

OTROS

Me dijeron,
deja de esperar,
no funcionará.
Deja de llorar,
ella no vendrá.
Deja de esperar,
estás perdiendo el tiempo.
Deja de soñar
que ya no eres un niño.
Deja de suspirar
porque nunca serás amado.
Deja de imaginar
que un día cambiará.
Deja de escribir,
nadie te lee.
Deja de creer
que tienes un futuro.
¡Para!, eso me dijeron.

LA VIDA

Me dijeron
que mi vida está llena de odio,
que lloraré a menudo,
que confiar en la gente es bueno,
que también estaré cerca del júbilo.

Me dijeron
que en mí mismo creyera,
que nunca me rindiera,
que enfrentara la vida
y nunca retrocediera.

Me dijeron
que el amor es amor en esta vida,
que duele pero llorar a veces ayuda.
Me dijeron que viviera la vida como me llega.

Me dijeron que, con el bolígrafo,
se entiendo mucho de lo esperado.
La vida nos impone atrevernos sin cortar el paso
Y, a seguir dando lo mejor ante la nada incluso.

ALAMA DE NOCHE.

En el silencio oscuro,
por la noche camino con mi alma desnudo,
Sobre una roca de color blanco y negro.

A nadie le gusta el silencio nocturno,
porque signo de infelicidad y peligro.
Bajo el efecto melancólico, llora mi mano
e indefenso se ve mi bolígrafo.

La noche invadió mi olor.
Mi reflejo me traiciona por su color,
en la bruma del tiempo gobernador,
debo ser un gran investigador.

La noche es extremadamente patética,
abarcando solo cosas melancólicas,
sin ignorar su factor benéfica,
me queda sin voz con ruido.

La noche nos enseña según nuestra voluntad,
soy la luz de la oscuridad blanca,
aconsejado por hombres borrachos,
borrachos de la vida nocturna.

Tranquilo ando desde el cielo
Con la vista al futuro
Solo para ser un liberadordel mundo.

NOCHE POEMATIZADA.

En una cama de tinta,
Puse mi colchón de pluma,
Para conseguir un sueño de literatura,
Muy lejos de las hojas de prosa.

Sobre un cojín de verso,
Siempre pongo la fuente de mí mismo.
A través del silencio del globo,
Mis versos se ahogan en bolígrafo.

En un crucero
Por mis versos, ando yo
Hacia un destino desconocido,
Para encontrarme con mi futuro incierto.

A través de ideas líricas,
Las noches se vuelven fantásticas
Ante inspiraciones tempranas
Huyen insomnio y problemas.

El papiro colgado en mi alma,
Me arroja de idea ostentosa,
Por el aroma de mi poema,
Y la noche se vuelve sempiterna.

LA DIFERENCIA.

Soy un aprendiz de escritor,
un aprendiz diferente de los demás,
aunque tal diferencia no se perciba.
Pero si existe esa distinción,
¿cuál es la mía?
Nadie es igual,
ni hay divergencia clara,
quien escribe es un ser humano,
un humano como ningún otro.
¿De ahí mi diferencia?
Soy distinto de la palabra diferencia.
Tengo un cuerpo como tú.
Tengo un corazón como tú.
Tengo un alma como tú.
¿Es esa mi diferencia?
Mi diferencia se debe a la tuya.
Lo que vemos, lo que otros ven,
no siempre comulga con el corazón.
Sí, tú eres mi diferencia.

EL GRITO POÉTICO

Grito maldad,
Dolor y suspiro.
Escribo lo bueno,
Alegría y sonrisas.

Grito odio,
Infierno y maldad.
Escribo sobre el amor,
El paraíso y el bienestar.

Grito tristeza,
Melancolía y desesperación.
Escribo alegría,
Buen humor y fe.

Escribo mi grito.
Y grito mis escritos.
Eso es el compromiso
Del poeta andante.

LA INDÉCISION

La melancolía es la melodía,
Hermosas son las notas.
Y la vida parece triste
Cuando estás en el fondo de la cueva.

A qué aferrarse ante una tormenta,
cuando todo parece un espejismo.
Darse por vencido o luchar,
Ese es el dilema de la existencia.

Cambiar de música
O continuar al mismo ritmo.
La elección es obvia
Cuando se conoce el final de la historia.

Pero ¿qué elección hacemos
cuando ya no tenemos ninguna elección?
No elegir
Es también una elección.

CONFUSO

Escribo versos
no materializados,
en los que lloro
sin lágrimas.

Lágrimas frías,
heladas y sonrientes.
Una lucha perdida
en victoria.

Una victoria amarga y real,
cuya ceguera contemplo.
Contemplo con lágrimas invisibles
que corren por mi mejilla sin fin previsible.

EN MIS VERSOS

En mis versos
Expreso el tiempo,
Expreso el instante,
Lo efímero.

En mis versos
Expreso el silencio,
Expreso el espacio,
La nada.

En mis versos
Expreso tu mirada,
Expreso tu partida,
Tu ausencia.

En mis versos
Expreso vida,
Expreso muerte,
Coherencia paradójica.

En mis versos
Me expreso
Para reclamar
Vida.

YO, POESIA.

El poeta es el que lucha
con bellas expresiones.
El poeta es el que vocifera
sin excepción.
En poesía, el habla es el arma.
La poesía es profetizar.
Mi hermoso sueño era ser escritor,
todavía estoy aferrado a este sueño
siempre que tenga el bolígrafo entre los dedos.
Soy la voz de los desesperados,
la voz de los hombres sumidos en la angustia.
Mi poesía es el único camino
por el que deambula un ciego sin bastón.
Nadie sueña en poesía,
porque la poesía es la expresión
de sentimientos sinceros,
sí, casi una profecía.
El poeta es un profeta
a quien ancianos y enfermos ignoran.
Soy el poeta de la nueva generación,
soy la nueva voz literaria.
Viva la Literatura, viva la Poesía.

VIVIR ES EXISTIR.

He conocido la tristeza,
He conocido la desgracia,
He conocido la molestia,
He conocido la malquerencia.

Sí, he conocido el amor
Y un poco de felicidad.
He conocido días
Esos que te ponen de buen humor.

He conocido días oscuros, días sin color,
He conocido la belleza detrás de los rostros.
He conocido el mundo
Que esconden los espejismos.

Hoy
Supe que
Esto se llama
Vida.

INVESTIGAR ES VIAJAR

Viajar es mío,
La ciencia,
Mi destino favorito.

Así ando yo
Sin abigarrar nada.
En conciencia mía
Nace el pensamiento;
En mí, el sentir de mi vivir
Que despierta
Únicamente mi ser y el querer.

Viajar es para mí,
Cavilar hasta ver lo invisible
Con orgullo y amor.

ESTIMADA LENGUA

Estimada lengua,
lengua de cariño y de amor,
amor de aprenderte sin cansarse.
Sí, hablo de ti,
lengua de Cervantes.

A quien conocí por su belleza
y me apasionó por la hermosura de sus sonidos.
De quien me enamoré por su cadencia.
Sí, te hablo a ti,
lengua de Cervantes.

Nos sirves en esta vida
no sólo para la lectura,
tan siquiera solo para comunicarnos.
Nos enseñas el sentido de la humanidad.
Nos permites desenmascarar lo imposible.

Eres de esas cosas tan importantes
que uno se alegra de haberlas encontrado,
de haberlas ingerido,
de haberse fundido con ellas.
Sí, hablo de ti, lengua de Cervantes.

Hablo de ti, lengua de Cervantes.
Dentro de mis venas circula tu germen,
por eso, en cualquier lugar mi nombre es el tuyo.
Aunque vives en mí, te extraño, te invoco,
y preciso de ti para decir al mundo cuánto te amo.

LA QUEJA DE LAS PALABRAS.

Soy yo,
las palabras se quejan de mí,
por un silencio tan largo,
un silencio sin razón conocida.
Soy convocado,
sí, a la corte literaria,
soy juzgado por el juez "Diccionario".
Las palabras han sido ofendidas y están enojadas,
se escandalizan una y otra vez
del abandono por mi parte.
Triste estoy y hago un llamamiento a mis compañeros,
responden presurosas las hojas y las plumas.

Me protegen, pero sin palabras.
Estoy seguro de que las palabras están enfurecidas.
Pierdo una y otra vez ante el tribunal
a pesar de los mejores abogados
porque se quedaron sin palabras.
Estoy sentenciado,
sí, las palabras me condenan.
El veredicto finalmente se ha pronunciado:
como pena, debo leer hasta que muera.
Permanecer inseparable de las palabras.
Soy el nuevo literato.
En la literatura no hay guerra,
lo arreglamos todo, lo mejor,
en el palacio de las letras.

BUENA LOCURA

El tiempo pasa y vuelve a pasar.
Espero una y otra vez la hora de mi muerte
Como una vida sentenciada,
Condenada a vivir.

Solo estoy esperando el veredicto,
Mientras tanto,
Estoy sonriendo al final de mi vida.
Mi alma llora mientras espera mi tiempo.

¿Por qué no viene?
Te espero con los brazos abiertos,
Me iré y estoy seguro,
Sin arrepentimientos ni remordimientos
Por un mundo sin muerte.

Donde el silencio habla,
La muerte calla.
Vivimos sin existir
Y la nada es la ley.
Veo sin ojos a los espectadores.

ANOTO

Sí, anoto.
Anoto esta nota que pasa por mi cabeza.
Escribo este dolor que escondo
detrás del ambiente en la vista.

Anoto la lección aprendida
de cada prueba,
Sí, escribo la experiencia
que me forjó hoy.

Anoto mi hermoso, oscuro
y brillante tiempo en el pasado.
Sí, anoto todo y nada.
Anoto mi paso por la tierra
esperando que marque toda una generación.

Anoto las notas dedicadas a mi persona
a través de sus encuestas.
Por eso, observo.
Sí, anoto el nombre de este objetivo
que tanto me persigue.

VIDA MURIENDO

Alma viviendo
Frente a un corazón, quemando
Con miradas, cegando
en un mundo tramposo.

Mi cabeza desnuda
Con una gota de lágrima helada.
En una visión muerta
Ando inexistente allí arriba.

Muriendo de vida estoy,
Muriendo de amor estoy,
Muriendo por dentro estoy,
Muriendo siempre estoy.

Mi sendero camina intacto
Y mi mundo quiere cambiar desnudo.
Lucho para un mejor universo.
Estoy sin estar, porque hablo.
(...).

INJUSTA O ALIENACIÓN

El trabajo,
el trabajo paga.
Los esfuerzos recompensan,
el tiempo testifica
y los seres queridos se benefician.
Los frutos del trabajo,
el alma se alivia,
el cuerpo se deleita,
los escritos ganan medallas.
El hombre se ve a sí mismo en tiempos de gloria,
esto se nota por su alegría,
mientras emitía las sonrisas de rey.
En este momento todo es ley,
porque él tiene el poder.
En los años siguientes,
cuando él esté reducido
por la enfermedad,
las personas mezquinas,
falsas, se irán alejando.
¡Aquí es donde se siente en ruinas!
¡Y la muerte se le aparecerá!
A pesar de todos los esfuerzos,
los ingratos llegarán en tropel.
Entonces, ¡preparémonos
para ocupar el lugar correcto!

UNA LINDA INSOMNIA.

Lucha contra mí,
me obliga a amarlo,
como resultado en las profundidades de la noche.

Viene todos los días,
este día manifiesto, el,
ese espíritu nocturno.

No tiene cara,
para hablar conmigo,
me da la espalda.

Huye de mí sin irse,
evita que nuestros ojos crucen,
porque será liberada muy pronto.

FELIZ SOLITARIO.

Desde los albores de los tiempos,
ha coexistido con su sombra,
consigo mismo.
Su sabiduría se eleva
desde el momento presente,
con el firmamento y sus colores pálidos.
Con vacío, comparte su felicidad,
comparte sus penas áridas y
encuentra significado
en extraños estados de ánimo.
La soledad es el fundamento
de la creatividad,
en una mirada sin vida,
encuentra una sonrisa oculta.
Incluso entre lágrimas de un paisaje indigente.

UNA NOCHE INTERMINABLE.

Tumbado en la cama,
Con la mirada fija en el techo,
Pensativo estoy de esta noche desconocida.
Pienso en la noche que piensa en mí
Sin darse cuenta.

Me veo obligado a hacer balance
De un día casi inacabado,
Con suficientes remordimientos
En mi cabeza,
El sueño se me escapa.

Apruebo que es una noche melancólica,
Me habla en un susurro:
Me dice que está enamorada de mí,
Pero que ay, no puede serme fiel.

Impaciente que se fuera,
Mi compañera infiel, la noche.
Me castigó por nada al quedarse un siglo.
Finalmente ella se fue.

Y el aire nuevo me sonrió.
Es una nueva vida,
Es un nuevo comienzo,
Es un nuevo desafío.

MI MENTALIDAD

El amor
Es mi ley,
La paz es
Mi refugio,
La experiencia es mi escuela,
La alegría mi vía,
La determinación es mi fuerza,
La paciencia es mi raíz,
El humor es mi curación,
La dificultad es mi aprendizaje,
El dolor es un mensaje,
La sabiduría es mi ser.
Soy quien he querido ser.

HERIDA INMORTAL

Desde entonces,
Estoy sin ser
Porque mi ser ya no es sujeto.

Desde esa noche risueña,
Con ese amanecer blanco y sucio,
Donde un repique maligno
Me despertó en un día oscuro.

Un día oscuro,
Con componentes de llanto,
Se fue mi alma verdadera,
Para dar paso a un cadáver vivo.

Desde ese día,
He sido víctima
De dos educaciones que se odian
Días y noches.

Mi cadáver anda sin parar
En busca de una verdadera
Resucitación.

MI DOS MIL VEINTIUNO EN VERSO

Todas mis noches fueron sin dormir,
Ni conseguía a cerrar los ojos.
Mi corazón vivió muerto
Y llorar era mi rutina.

Mucho lamento
Si solo había podido hacerlo mejor,
Mi corazón estaba presente,
Pero mi mente andaba perdida...

Todo estaba mezclado en mi cabeza y mi vida.
Estaba todo mezclado y era difícil para mí,
Cuando decía que todo estaba bien, mentía.
Pero ahora sí que todo, bien.

Estoy bien y es cierto,
Eso gracias a las letras
De una antología que llamo doctor universal,
Hablo de "Soy lo que ves", de MaríaJesús-Susi

Además de las letras
Que supieron curarme a tiempo,
Agradezco a mis médicos diarios:
La familia, los amigos y los estudios.

Les informo e invito
A mi boda en dos mil veintidós
Con mi hermosa esposa
Maestría en traductología...

DÍGAME

Dígame,
¿Conoce usted esos momentos de duda,
Esos momentos de problemas,
Esos momentos de melancolía,
Esos momentos trágicos?

Dígame
¿Conoce usted esos momentos
En los que todo es negro,
Esos momentos en los que niegas incluso tu fe,
Esos momentos de lucha contra ti mismo?

Digame
¿Conoces esos momentos de abandono,
Esos momentos de llanto, de miedo;
Esos momentos sin felicidad,
Esas instancias sin luz en el horizonte?

Dígame,
¿Lo sabe usted?
¿Conoce usted esos momentos
De la inexistencia
En la existencia?

FAMILIA

LA ÚLTIMA Y TRISTE DESPEDIDA

A Konaté Drissa, mi primer profesor.

¿Por qué yo y por qué ese día?
No diré que voy llorando, pero te extraño.
Me dejaste sin decirme Adiós,
Me acuerdo de ese día como si fuera hoy.
¿Por qué ese día?
Mi primera despedida no fue un regalo,
era el día 28 de marzo de 2011.
Lo lamentable es que no pude verte a las 10:29

¿Por qué yo y por qué ese día?
Después de entender el ruido de esta arma sin piedad,
sin darme cuenta, ya habías fichado al otro mundo,
dejándonos con mamá embarazada.
¿Por qué ese día?
Hasta ahora no entiendo esta ida,
Nunca pensé en tal despedida sin Adiós.
Voy Buscándote en esa obscuridad sin ver tus pasos.

¿Por qué yo y por qué ese día?
Cada vez que me pregunten mis hermanas
Quienes no tuvieron la fortuna verte
Incondicionalmente nace en mí tu anhelo.
¿Por qué ese día?
Esos lobos e imperialistas políticos te asesinaron,
Pensado que te habían vencido eliminándote.
Por desgracia, se dieron cuenta de que se equivocaron.

¿Por qué yo y por qué ese día?
Pensaron mediante este acto, desmoralizarme
fuera de esto, me pararon pero no me mataron
Nunca esta barbarie afectará mi determinación
¿Por qué ese día?
Me di cuenta de que mi única esperanza cayó,
desde entonces, los problemas se convirtieron en mis amigos diarios,
hasta que encontré a estos amigos españoles.

¿Por qué yo y por qué ese día?
Eran: Juan Carlos de Sancho con su gesto alegre,
María Jesús Alvarado con su linda cara motivadora
Y Juan Tramunt quien considero como la fuente de sabiduría.
¿Por qué ese día?
Ese día me preparó un mejor porvenir,
Gracias por hacer renacer a un talento muerto,
La cuenta regresiva comienza ahora o nunca.
Mi mente está viva…

PAPÁ

Escucha mi voz
y quédate ahí.
Adonde van mis pasos
necesito tu presencia;
respóndeme.

Busqué amor
donde no estaba.
La llave de mi destino,
en tu bolsillo.
Veo el mal donde no está.

Y me ayudas a quedarme despierto
cuando muerto estoy.
Necesito a los demás
y tengo miedo de estar separado.
Sociedad egoísta.

Me dejas aguantar
cuando me comprometo.
Sé que estás en alguna parte,
Si te pierdo
Es mi culpa.

Te extraño...

MI MADRE, MI MOTIVACIÓN

A mi madre, Doumbia Mariam.

Eres la tinta de mi pluma,
la inspiración inagotable,
la estrella que me guía
y mi razón de vivir.

Tus ojos que sonríen,
mi corazón que vuelca.
Eres mi noche soleada,
mi sueño y mi felicidad.

Mi fuerza y mi dulzura.
Mi paciencia y mi voluntad.
Tomemos lo que hay que tomar,
demos lo que hay que dar.

Mantengamos lo que nos une,
Como madre e hijo.
Decirte te quiero, es insuficiente
Para probarte cuanto te llevo en mí.

¡Mamá!

FALSO AMIGO

No me llames hermano
cuando finges serlo
para engañar al mundo,
cuando en tu interior me deseas el infierno.

No me llames hermano
para darme colapso en el silencio
y cuando para mi éxito
Eres un obstáculo.

No me llames hermano
cuando tu meta es hacerme daño.
No deseo tu amistad envenenada.
Por favor, aléjate de miglobo.

No pretendas quererme al sol
Para destrozarme a la sombra,
Por eso, no me llames hermano,
Sí, no vuelvas a decir esa palabra venenosa.

EL VIVIR DEL CORAZON

ASI ES EL AMOR

Te amo.
No solo por tu belleza,
ni solo por tu inteligencia.
Quiero que sepas
que te amo sinceramente
y esto no es por tu carácter,
ni por tu bondad,
ni tampoco por tu simpatía.
Te amo porque eres tú,
y porque eres todo a la vez.
Te amo porque sin saberlo
me haces existir.
Te amo
porque no encuentro otra razón
que no sea amarte.
Simplemente
te amo más que todo.

LA MIRA DE CUPIDO

Frente a esta mirada cegada
La tinta de mi corazón
Fluye sobre el papel.

Desde la melancolía de una noche
Cupido nos ha apuntado.
¿Quieres ser feliz como yo?
Comencemos huyendo de este mundo egoísta.

Nos escapamos esta noche a medianoche;
solo los dos para ser felices.
Este mundo melancólico es un freno.
Es mejor huir de este mundo y crear el nuestro.

Ven conmigo, ven.
Déjame escribirte un texto.
Ven, déjame decirte:
"te amo".

ESTEFANÍA PEÑA.

En tus ojos,
se condensa la belleza
del mundo,
Son la prueba
de la existencia de la magia.

Tu hermosa sonrisa vuelca corazones,
tiene la inocencia de la infancia.
Tu rostro encarna la belleza mística
y la dulzura de la naturaleza,
es una maravilla de este mundo.

Tu voz melodiosa es comparable
al canto del ruiseñor,
Hace temblar de amor,
Alivia el dolor del alma
y la devuelve a la vida...

Tu tamaño es el de la perfección.
Tu forma hechizante es la que yo prefiero,
Tu corazón tiene la pureza del agua de una roca,
a blancura del amanecer, No esconde imperfecciones.
Eres una mujer de ensueño... mi sueño.

MORIR DE AMOR

Grabé tu nombre en un pedazo de mi corazón.
Le susurré a la luna mi amor por ti.
Cada crepúsculo es una prueba
De mis sentimientos para ti, guapa.
Esta vez, seguro, el angelito de los dardos
ha dado en el blanco.

Mientras andando sin camino
Con un alma sin corazón
Me enamoré de la más brillante
de las luces celestiales.
Si debo morir que sea de amor.
De un amor prohibido.

COMPARTIR

Estefanía Peña

Dame,
Un poco de tu ser,
Un poco de tus penas,
Un poco de tus alegrías.

Por favor, dame,
Un poco de ti,
Un poco de nosotros
Y un poco de amor.

Por el amor de Dios,
Dame
Solo un pedacito de tu corazón
Para que el mío sea feliz.

EL VENENO DEL AMOR

8 de marzo

Te amo a muerte, me fue predicho.
El amor destruye y, acepto perecer
Si eso es lo que se necesita.

Te amaré por siempre,
Hasta mi última morada,
Hasta la última hora,
No temas, vida mía.

Tú eres la que necesito,
Otra sería demasiado.
Te quiero a morir y así será para siempre.

Con estos profundos versos,
te deseo de todo corazón
Un feliz día de la Mujer con la salud,
la paz y la riqueza.

LA PELIGROSA LADRONA

Estefanía Peña

Más allá de robarme el corazón,
me lo quitaste todo en un instante.
Me llevaste
mi voz,
mi día,
mi noche,
mi reflejo,
mis momentos,
mis pensamientos.

Me quitaste todo,
hasta lo que yo no tenía
como tú,
como nada
y como todo.
Sí, me lo quitaste todo.
Así que no te sorprendas
de verme aferrado a ti.
Me enganché a ti.

BATALLA PERDIDA

Depongo los brazos.
Ante los muros,
no tengo elección
ni de mis lágrimas
ni de mis alegrías.

Nunca me amaste.
No se puede luchar
contra la nada.
De cualquier manera,
todos morimos al final, incluso el afecto.

Difícil, pero lograré olvidarte.
Lo principal es irme
sin remordimientos
ni arrepentimientos
dejando atrás mi perfume indeleble.

Con el orgullo de haber tenido
siempre el mismo comportamiento
y nunca haber traicionado
ni mis orígenes ni mi compromiso...

LA HERIDA

La mejilla llena de cicatrices,
El corazón también,
Uno para recibir y
El otro para aguantar.

Uno se pega a la piel,
El otro se desgarra.
Cicatrices indelebles,
Dolor implacable.

En un corazón roto,
Ninguno desaparece.
Solo nos podemos acostumbrar,
Esperando otra cura.

Corazón
no tengo para amar,
Por la amistad
Claro que sí.

UN CORAZÓN AGONIZANTE.

Confundí algo y nada,
Mi tristeza y mi alegría.
Perdí el hilo de mi existencia.
¡Ay, soy mis sueños aquí que ya no viven!

De mis pensamientos nada está bien
Y mi pesadilla es continua.
Mi felicidad se ha vuelto triste,
Mi confianza ya no existe.

Y desestabilizado por muchas cosas,
La de mañana me llamará,
Verme aquí que ya no estás
Y que sin embargo, tendré que seguir.

Mis lágrimas han venido a menudo.
Luego, las sonrisas maquilladas.
La impresión de sufrir constantemente,
Quizás por la ausencia de su presencia.

El amor, lo creí tanto y me decepcionó.
La muerte me coquetea todo el tiempo,
No por mí, sino por ti, yo sigo vivo.
¿Quién, tal vez, me amará mañana?

ÚLTIMO ADIÓS

Te declaré mi amor
y te hice un lugar en mi corazón,
mi sentimiento fue sincero
y no dirás lo contrario.

Hice todo para ser fiel a ti,
te ofrecí mi tiempo, yo era todo tuyo.
Juntos hicimos planes para el futuro,
todavía lo guardo en mi memoria.

Sí, siempre hacías caprichos
cuando te hablaba de mi pluma
y te habías convertido en su cómplice.
Pero, decidiste traicionarme al fin y al cabo.

Desearía que te hubieras quedado,
para hacerte descubrir mi exótico tesoro,
pero decidiste irte.
No quiero retenerte más.

Un lugar, ya no lo tendrás en mi corazón,
aunque fuiste mi flor y te amaba,
pero no habrá nada más entre nosotros.
Te abrí la puerta de mi corazón
Pero decidiste irte sin pensar en el daño.

Para ti ya no habrá espacio en mi corazón
porque mi corazón se destaca.
Gracias por destrozarme.
Adiós,
Sí, adiós.

LA LLAVE

Yanira Hinojosa

Te di la llave,
La llave de mi corazón
Con todos mis sentimientos adentro.

Te di la llave,
La llave de mi vida
Con mis recuerdos y todo mi futuro.

Te di la llave,
La llave de mi universo,
Por favor cuídale
Porque eres tú mi mundo.

De lo contrario,
no podría superarlo
por el resto de mi vida,
Te amo incondicionalmente.

Aunque te has ido.

TRISTE SENTIMIENTO

Tu ausencia
Comprime mi pecho día y noche,
Es demoledora. Pero ya sabes,
Estoy aprendiendo a vivir con eso,
Incluso si mi alma todavía te busca
En una mirada, en una sonrisa o en una voz,
Lentamente, mi corazón se da cuenta
De que tu ausencia es beneficiosa.

Ella me enseña a desapegarme de ti,
De la única persona de quien pensé
Que no podría prescindir.
E incluso si por la noche,
Las palmas de mis manos
Están empapadas de lágrimas,
Trato de poner las cosas en perspectiva,
Y decirme que finalmente, libero mi amor.

Llorar por ti
Me permite vaciar este corazón
De todo el amor que siento por ti,
Que al final, mejorará.
Confío en mí mismo,
Y aunque mi cuerpo me diga lo contrario,
Tengo que aprender a negar
Este amor tan profundo.

ESPERANZA DE AMOR PERDIDO

Ven,
Nuestras penas cambiemos,
Nuestras alegrías compartamos.
"Te amo", nos digamos;
La fe, la mantengamos.

Ven,
Este túnel lo crucemos;
Contra nuestros demonios luchemos.
La vida más bella la hagamos;
Un hermoso horizonte redibujemos.

Ven,
Te espero con los brazos abiertos.
Es tiempo,
Es hora.

Ven,
Tomémonos de la mano,
Crucemos rápidamente los altibajos
Y escribamos un destino mejor.

¡Te amo!

ENAMORARME

Mi mirada
se encontró con tus ojos,
el cielo
se iluminó y mi mano tocó la tuya,
desde entonces
mi corazón al tuyo está unido;

Desde ese día,
Te has convertido en mi melodía,
en la dulzura de mis noches,
en el color de mi vida,
en mi felicidad infinita.
Te quiero más de una vez, eres la fuente de mi alegría.

EL CONTRATO PARA AMARME

Lo siento, no te conozco;
Pero veo que deseas conocerme.
¿Por qué no? Voy a decirte…
No soy ningún Don Juan,
Ni un mujeriego.

Amo con verdad y con entrega;
Con toda claridad y con más respeto
Del que puedas sospechar.
No creo en la fidelidad y no la pido,
Pero doy y exijo la lealtad.

Exijo que se cumplan los acuerdos
En absoluta complicidad de dos, o más;
Esa es la regla.
Soy un hedonista equilibrado
Que entiende lo que le toca al amor
Y lo que le toca al sexo.

Tengo musas que no conocen un beso
Y algunas que han compartido mi lecho.
La mujer es para mí un templo;
sagrada,
venerada,
protegida; pero no a todas entro.

EL CORAZÓN Y EL TIEMPO

A Estefanía Peña.

Los poderes del corazón son
Simplemente incomparables,
Aquellos que suavemente
atraen lo inefable.

Nunca eres lo suficientemente fuerte
para resistirte al amor,
Quien, cuando nos muerde,
nos deja ciegos, sordos...

A pesar de la adversidad,
Los desencuentros y muchas cosas más;
Nunca olvidamos el corazón
que una vez amamos tanto.

Entiende
Que tu nombre
Sea como un estribillo,
Y lo repito sin cesar.

No podemos prescindir del pasado,
Porque tenemos un pasado que aún
No ha pasado, porque sigue circulando
Por nuestras venas.

TE EXTRAÑO

En este crepúsculo,
Mi canto es solo estribillo,
Mi fe y mi corazón se están muriendo,
Y mi inspiración queda moribundo.
Te amo

Mi pluma se fue volando,
Mi ángel salió de ello,
Mi vida está en suspenso
Y mis demonios son demasiado.
Lo admito, te amo.

Mi mente reñido, solución no tengo,
Solo estás tú para devolverlo
La luz a este mundo en el que muero,
Un poco más cada tiempo.
No hay duda, te amo.

Te sé perturbado
Debido a la circunstancia del momento
Te espero como prometido,
Mi solución lo eres, solo con tu regocijo.
¡Por la eternidad, te amo!

MI ÚNICA COMPAÑÍA

Ella es mi única compañía
que me ofrece su canto cada día.
No me da ganas de seguir viviendo
esta vida de tristeza y de soledad,
es mi única compañía.
Toca a mi puerta todas las noches de insomnio,
lo que me hace vivir en adicción a las drogas,
todas las mañanas con los ojos enrojecidos.
La fama me trata como una maldición,
el dolor crece cada día.
En mi ventana, los celos aplauden,
en mi puerta el sufrimiento sonríe,
las chicas hermosas me ven como un fantasma,
a mi llamada todas permanecen sordas.
Ninguna parte fue favorable para mí,
siempre es triste mi galería,
siempre me obligo a ser un garoso,
pero nunca crucé el amor en mi camino.
De todos modos permanezco canino,
tal vez sea mi destino, siempre creí en el amor,
pero el amor se escapa de mí todos los días,
siempre me rompe el corazón,
dejándome vivir en la desesperación,
en el amor ya no tengo apetito.
Pero mi instinto divino me predice suerte,
para quien el amor nunca sonríe.
Decimos en el amor que nunca sabemos,
así que siempre me quedo.
Siempre extendiéndome,
esperando que algún día
el amor llegue a alcanzarme.

UN AMANTE DESESPERADO.

Le di todo mi corazón
pero lo encontró insuficiente,
solo tenía este corazón para dar.
porque es mi único valioso tesoro
que usted merezca.
esto era mi parecer

Usted me peleó a diario
Por detalles inútiles
Por falta de confianza
Acaso por otra cosa
Que solo conozca tu corazón.

a pesar de que usted rompió mi corazón,
porque yo era demasiado sincero.
Le amo y para usted, siento un amor
más fuerte que la fuerza.
Estoy enamorado.

Si el universo no tuviera principios,
yo haría de usted esos principios.
Bella como la naturaleza indefinida,
natural como no está permitido,
me muero de amor por usted.

Usted es única en su especie
como el diamanto naranja nunca visto.
A pesar de todo le amo,
Es con un corazón lleno de amor y,
Con penas, te digo Adiós
Te deseo suerte en tu nueva pareja.
¡Una vez más Adiós!

MI ÚNICO AMOR.

Por ser humana,
Por ser orgullosa de tu género,
Por no ser un objeto en venta,
el corazón de una mujer se observa,
se quiere por quien quiera a dicha,
Y yo te amo Yanira, eres mi vida.

Sea lo que sea,
nadie me podrá,
impedir amarte,
porque supiste tenerme amado,
yo te tengo amada.
Gracias por darme amor.

Sabiendo que en una pareja
Encontramos bellas temporadas,
Como malas temporadas,
A pesar de todo te quedaste conmigo,
Por eso supe que hay que aguantar
las duras experiencias, para gozar de las bonitas.

Si hay una palabra
que no quiero parar
de decírtelo es
Te quiero, te amo y te deseo.
El amor nunca muere,
Te amaré para siempre.

UN AMOR SIN FIN.

Ando yo
Enamorado de tí
Mis versos lloran,
Gritando fuertemente,
Más que la lluvia
Del sinfín de ganas de decirte
Te amo y te necesito
También de verte y acariciarte.
De naturaleza,
Desayunar
Por las mañanas
No me gusta
Porque lo único que necesito
En aquel amanecer
es un beso tuyo.
Te amo Yanira y,
te necesito para siempre.

AMOR PERDIDO.

Desesperado ando,
lloro,
gritando te amo.

Apenas juntos,
ya me dejaste.
Sabes que uno somos.

Reconozco mi error,
Perdóname,
Te amo y te necesito

Ciertamente lo hemos probado todo
en menos de un mes excepto el amor.
Así que intentemos algo.

UN AMOR INGRATO

Yanira Hinojosa

Estoy acobardado
de ir andando
en donde estoy desconocido.

He dado
hasta mi alma y cuerpo
para cobrar cero
realmente injusto es el sentimiento

Me engañó
Por entregarle todo mi mundo
Y me lo convirtió en un infierno
Finalmente inexistente ando.

Intento
Complacerle en todo
Pero como un loco
No vi que no le importaba saberlo.
Retrasado
me estoy dando
Cuenta de que
Me había equivocado.

Agonizante
Es mi corazón
Andando.

IRREMPLAZABLE

A mi familia,

Un libro sin página
Un poema sin rima
Una pluma sin tinta
Una alegría sin sonrisa
Y una canción sin melodía

Un árbol sin follaje
Una playa sin arena
Una rosa sin espinas
Un cielo sin estrellas
Un mundo sin Dios

Una noche sin dormir
Un corazón sin amor
Un rey sin corona
Una mirada sin vista
Y una voz sin ruido

Así es mi vida sin ti
A pesar de todo
Te estimo como siempre
Te quiero como nunca
Te necseito incondicionalmente.

INESPERADO

Siempre pensé que el amor era imposible
como el diablo que encuentra sus alas perdidas.
Pero cuando te conocí y,
cambiaste mis pensamientos.

No siempre tuve esperanza,
siempre estuve en la oscuridad.
Pero desde que te conocí,
mi vida se ha iluminado.

Has curado mi corazón,
has enjugado mis lágrimas,
has borrado mis penas
y has sanado mi alma.

Me hiciste
creer en el cielo,
y gracias a ti vivo,
te lo agradezco.

CORAZÓN PERTURBADO

Algunas arrugas en el corazón,
los sentimientos han envejecido,
mecidos por el océano del dolor.
El amor naufraga.
Nada es igual que ayer,
nada sale como está previsto.
Fuiste, eres y serás
más de lo que yo estaba orgulloso de ti.

Para seguir creyendo en el amor,
para seguir creyendo en nosotros.
El reloj de arena se ha agotado,
el tiempo ha pasado,
nuestras almas se han separado
y esperan volver a encontrarse.
Pero no hay más esperanza, Porque desde que tú y yo,
el angelito de los dardos se suicidó.

ÍNDICE

EL CEREBRO DE PASEO

La madurez no tiene edad cuando la vida te desafía antes de nacer, para decir que no hay edad para escribir. Este es un poemario titulado *El cerebro de paseo*. Está compuesto por las inspiraciones crudas e instantáneas del autor tras la muerte de su padre, estos versos relatan su orgullo por su origen y su raza, su pasión por la poesía, su familia y el cotidiano de su corazón. Para él, la poesía es más que una ficción; es la profecía de un profeta aislado.

Konaté Moubtahij Ben Idriss ingresó en la Facultad de Español, de donde salió magistralmente graduado en Literatura y Civilización Españolas y, licenciado en Traductología (español-francés) de la Universidad Félix Houphouët-Boigny de Abiyán (Costa de Marfil). Es profesor de español de secundaria y voluntario en el ámbito humanitario.

Printed by Books on Demand GmbH, Norderstedt / Germany